ひとりでできる！
For Kids!!

はじめての焼き菓子

作って楽しい！食べておいしい！
もらってうれしい！

寺西恵里子 著

JN143876

日東書院

はじめての焼き菓子

Lesson

はじめに 4

Lesson1 サクッとおいしいプレーンクッキー
かわいいクマさんクッキー 7

Variation1 アイシングクッキー 10

Variation2 ホットケーキミックスクッキー 12

Lesson2 カップ選びが楽しいカップケーキ
アイシングカップケーキ 15

Variation1 マシュマロカップケーキ 18

Variation2 プラスαカップケーキ 19

Variation3 チョコ味ココットマフィン 20

Lesson3 形が楽しめるサクサクパイ
パイケーキ 23

Variation ハートのスティックパイ 26

Lesson4 とってもかんたん！混ぜるだけマドレーヌ
ミニミニマドレーヌ 29
Variation1 チョコづけマドレーヌ 32
Variation2 マドレーヌケーキ 33

Lesson5 ふわっとおいしいシフォンケーキ
フルーツシフォンケーキ 35
Variation 紙コップシフォン 38

Lesson6 かんたん！かわいい スプーンケーキ
ホットケーキのスプーンケーキ 41
Variation バナナのスプーンケーキ 44

Lesson7 焼き菓子いろいろチャレンジ
焼きチーズケーキ 47
Variation1 クランベリースコーン 50
Variation2 野菜プリッツ 52
Variation3 バナナパウンドケーキ 54
Variation4 かんたん焼きプリン 56
Variation5 ドロップクッキー 58
材料いろいろ 60
用具いろいろ 61
プレゼントに 62
おわりに 63

はじめに

焼き菓子は、おいしいだけでなく
不思議な魅力がいっぱい！

バターと卵と小麦粉を
混ぜて焼くだけで
いろいろなお菓子ができたり！
卵を泡立てるだけでふくらんだり！

そんな変化も楽しんで作りましょう！

一工程ごとに写真で説明しているので
はじめてでも大丈夫です！

作りはじめる前に

1

大人の人といっしょに作りましょう！

火を使ったり、包丁を使ったり、
危ないことも多いので、
必ず大人の人といっしょにやりましょう。

2

手を洗ってから はじめましょう！

作りはじめる前に、
必ず手を洗いましょう。

3

材料、用具はそろえてから はじめましょう！

途中で取りにいく間に
状態が変化することもあるので、
必ずそろえましょう。

4

計量はキチンと正確に しましょう！

計量が正確でないと、
できあがりが
違ってきます。

5

後かたづけはしっかり しましょう！

後かたづけを
キチンとするのが、
お菓子作りのルールです。

はじめての焼き菓子
Lesson1 レッスン
クッキー

サクッとおいしいプレーンクッキー

バターとお砂糖をしっかり混ぜて
卵を少しずつ入れていくのがポイント！

生地ができたら
好きな型で抜いて
チョコレートペンでお絵描きしましょう！

かわいいクマさんクッキー

型で抜いて、焼いたら
チョコレートペンで顔を描きましょう！

かわいいクマさんクッキー

材料をそろえましょう！

約15枚分

無塩バター	90g
粉糖	90g
卵	1個

[粉類]

薄力粉	200g
ベーキングパウダー	小さじ1/2
塩	少々

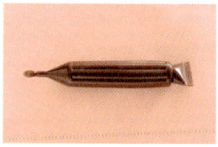

チョコレートペン　適量

用具をそろえましょう！

ボウル(小・中・大)
ふるい　泡立て器
フォーク　へら
ラップ　麺棒
オーブン　耐熱の器

型

下準備をしましょう！

- バター、卵は冷蔵庫から出しておきます。
- 粉類は合わせてふるっておきます。
- 卵は溶いておきます。
- 天板にクッキングシートを敷いておきます。
- オーブンは180度に予熱しておきます。

さあ、作りましょう！

1 ボウルにバターを入れて、混ぜます。

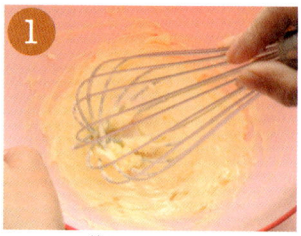

ボウル(大)にバターを入れ、泡立て器で少しなめらかになるまで混ぜます。

粉糖を2～3回に分けて入れ、混ぜます。

白っぽくなってふわっとするまで混ぜます。

2 溶いた卵を少しずつ加えて混ぜます。

バターと卵が分離しないように、少しずつ!

溶いた卵を少しずつ加えて混ぜます。

混ざったら、少し加えては混ぜる、を繰り返して分離しないように混ぜます。

3 粉類を加えます。

ふるった粉類を加えます。

4 ラップで包み冷やします。

へらを縦にして、さっくりと切るように混ぜ、ひとまとめにします。

ラップで包み、上から押して四角く整え、冷蔵庫で約1時間休ませます。

5 のばして型で抜きます。

台に薄力粉(分量外)をふり、生地を麺棒で3㎜厚さにのばします。

6 オーブンで焼きます。

型で抜き、天板に間隔をあけてのせます。

180度のオーブンで約12分焼きます。

焼きあがりです。

7 顔を描きます。

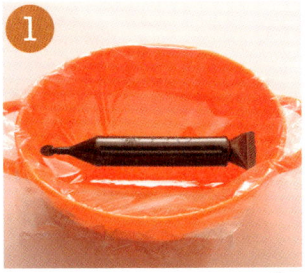

チョコレートペンは、お湯を入れ、ラップをかけた耐熱の器にのせて、やわらかくします。

クッキーが冷めたら、チョコレートペンで顔を描きます。

アイシングクッキー

はじめての焼き菓子
Variation 1
バリエーション
クッキー

お砂糖を卵の白身で溶くだけ！
好きな色を作って
楽しくお絵描きしましょう。

クッキーの 材料 用具 下準備

P.8 かわいいクマさんクッキーと同じです。

アイシングの材料

粉糖	150g
卵白	2/3個分
色粉（赤・黄・青）	各少々
水	少々

アイシングの用具

ビニール袋

アイシングの下準備

●色粉にほんの少しの水を加えて混ぜます。

クッキーの 作り方

P.8 かわいいクマさんクッキーの6❷までと同じです。

色は少しずつ濃くしていきましょう。

デコレーションしましょう！

1 アイシングを作ります。

1 ボウルに粉糖を入れ、卵白を加えて泡立て器で混ぜます。

2 なめらかになってつやが出るまでよく混ぜます。

3 6等分に分け、5つにそれぞれの色粉を加えて混ぜ、色をつけます。

2 デコレーションします。

4 いろいろな色のアイシングのできあがりです。

1 ビニール袋に入れ、袋を結んで閉じ、角をほんの少しはさみで切ります。

2 クッキーが冷めたら、アイシングを塗り、お好みの文字、絵、柄を描きます。

ホットケーキミックスクッキー

はじめての焼き菓子
Variation2
バリエーション
クッキー

材料を一度に混ぜて
色をつけて丸めて焼くだけ！

しっとりおいしいクッキーです。

材料

約15個分

[クッキー生地]

ホットケーキミックス	100g
グラニュー糖	20g
卵	1/2個
無塩バター	15g
色粉(赤・黄)	各少々
水	少々

用具

ボウル(大)　へら　オーブン

下準備

- 卵は冷蔵庫から出しておきます。
- バターは電子レンジで溶かしておきます。
- 色粉はほんの少しの水を加えて混ぜておきます。
- 天板にクッキングシートを敷いておきます。
- オーブンは150度に予熱しておきます。

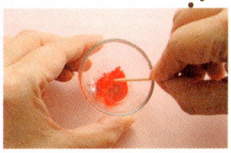

さあ、作りましょう！

1 生地を作り、お花の形にします。

1 ボウルにクッキー生地の材料を入れ、へらで粉がなくなるまで混ぜます。

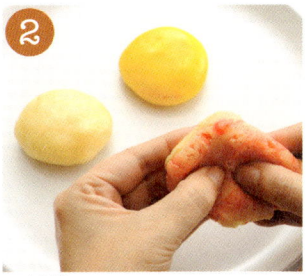

2 3等分にし、2つそれぞれに色粉(赤・黄)を加えて混ぜます。

3 生地を直径1.5cmくらいに丸めます。

2 オーブンで焼きます。

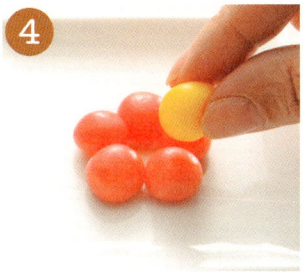

4 6個をお花の形になるように置きます。

1 天板に間隔をあけてのせ、150度のオーブンで約10分焼きます。

できあがり！

2 焼きあがりです。

はじめての焼き菓子
Lesson2 レッスン
カップケーキ

カップ選びが楽しいカップケーキ

バターから、材料を順に入れるだけ。
しっかり混ぜたり、サクッと混ぜたり。

カップに入れて焼いたら、
トッピングを楽しんで
オリジナルカップケーキに！

アイシングカップケーキ

アイシングをかけたら、
トッピングシュガーで、かわいく！

アイシングカップケーキ

材料をそろえましょう！

約6個分

無塩バター	100g
グラニュー糖	60g
卵	1と1/2個
生クリーム	30mℓ

[粉類]

薄力粉	130g
ベーキングパウダー	小さじ1/2
塩	少々

[アイシング]

粉糖	150g
卵白	2/3個分
色粉（赤）	少々
水	少々
トッピングシュガー	適量

用具をそろえましょう！

ボウル（小・中・大）
ふるい　泡立て器
へら　スプーン
オーブン

紙のカップ

下準備をしましょう！

- バター、卵は冷蔵庫から出しておきます。
- 粉類は合わせてふるっておきます。
- 卵は溶いておきます。
- オーブンは180度に予熱しておきます。
- 色粉にほんの少しの水を加えて混ぜます。

さあ、作りましょう！

1 ボウルにバターを入れて、混ぜます。

ボウル（大）にバターを入れ、グラニュー糖を加えて泡立て器で混ぜます。

白っぽくなってふわっとするまで混ぜます。

なめらかになるまで混ぜます。

2 溶いた卵を少しずつ加えて混ぜます。

溶いた卵を少しずつ加えて混ぜます。

3 生クリームを加えます。

生クリームを少しずつ加え、さらに混ぜます。

4 粉類を加えます。

ふるった粉類を加え、へらを縦にして、さっくりと切るように混ぜます。

5 カップに入れます。

1

紙カップにスプーンで入れます。

2

八分目まで入れ、生地はならさずそのままにします。

6 オーブンで焼きます。

1

180度のオーブンで20〜25分焼きます。

2

焼きあがりです。

7 アイシングを作ります。

1

ボウルに粉糖を入れ、卵白を加えて泡立て器で混ぜます。

2

2等分にし、1つに色粉を加えて混ぜます。

8 デコレーションします。

1

カップケーキが冷めたら、スプーンでアイシングをかけます。

2

トッピングをのせます。

3

できあがり！

はじめての焼き菓子
Variation 1
バリエーション
カップケーキ

マシュマロカップケーキ

焼きあがりにマシュマロをのせて
レンジでチンするだけ！
ミニマシュマロがかわいいですね。

カップケーキの 材料 用具 下準備

P.16 アイシングカップケーキと同じです。

カップケーキの 作り方

P.16 アイシングカップケーキの6❷までと同じです。

カップケーキにプラス

材料 約6個分

ミニカラフルマシュマロ	適量
チョコレートペン(ホワイト)	適量

用具 電子レンジ

作り方

1

カップケーキの焼きあがりです。

2

カップケーキが冷めたら、チョコレートペンを塗って、マシュマロをのせます。

3

電子レンジでマシュマロがふくらむまで40〜50秒温めます。

プラスαカップケーキ

生地に混ぜて、焼くだけ！
バナナチップ、チョコチップ、レーズン、
いろいろな
カップケーキが作れます。

はじめての焼き菓子
Variation2
バリエーション
カップケーキ

カップケーキの 材料 用具 下準備

P.16 アイシングカップケーキと同じです。

カップケーキの 作り方

P.16 アイシングカップケーキの4までと同じです。

カップケーキにプラス

材料

約6個分

バナナチップ、
レーズン、
チョコチップ　各適量

作り方

1

生地を3等分にし、レーズンを加えて混ぜます。
＊同じようにして、バナナチップス、チョコチップも作ります。

2

紙カップにスプーンで八分目まで入れ、生地はならさずそのままにします。

3

180度のオーブンで20〜25分焼きます。

チョコ味ココットマフィン

はじめての焼き菓子
Variation 3
バリエーション
カップケーキ

ココアを入れただけでチョコ味に！
トッピングのナッツやベリーにも
溶かしたチョコをかけて。

カップケーキの材料

P.16 アイシングカップケーキの

カップケーキにプラス

約6個分

[粉類] ココア	10g
スイートチョコレート	適量
ドライフルーツ＆ナッツ	適量

カップケーキの用具

P.16 アイシングカップケーキの

紙カップ → ココット容器

カップケーキの下準備

P.16 アイシングカップケーキの

●粉類にココアを加えてふるっておきます。

さあ、作りましょう！

1 カップケーキを焼きます。

1

バターを薄く塗った器に八分目まで入れ、生地はならさずそのままにします。

2

180度のオーブンで20～25分焼きます。

2

カップケーキが冷めたら、チョコレートをスプーンで真ん中にかけます。

3

ドライフルーツ＆ナッツをのせます。

2 デコレーションします。

1

溶かしチョコを用意します。(溶かしチョコはP.32)

4

できあがり！

はじめての
焼き菓子
Lesson3
レッスン
パイ

形が楽しめる サクサクパイ

少しのばして、焼くだけ！
冷凍のパイシートでかんたんです。

好きな形にしたり
卵の黄身でくっつけることも。
アイデアで楽しいパイを作りましょう！

パイケーキ

パイでケースを作って

カスタードクリームとフルーツで！

パイケーキ

材料をそろえましょう！

約6個分

冷凍パイシート	1と1/2枚

[カスタードクリーム]

卵黄	2個分
グラニュー糖	40g
薄力粉	10g
牛乳	140mℓ

キウイ、オレンジ	各1/2個
チェリー(缶)	6個

用具をそろえましょう！

麺棒　フォーク

オーブン

耐熱ボウル(中)

泡立て器　包丁

まな板　スプーン　型　紙カップ　重し

下準備をしましょう！

- パイシートは冷凍庫から出し、角が持ち上がるようになるまで解凍します。
- オーブンは200度に予熱しておきます。

さあ、作りましょう！

1 パイシートを切ります。

1

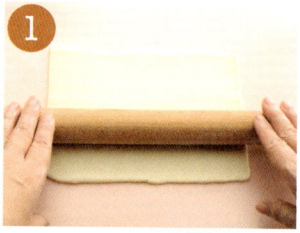

パイシートは1.2倍くらいになるまで麺棒でのばします。

2

全体にフォークで穴をあけます。

3

1枚を4等分に切ります。

2 型に入れ、オーブンで焼きます。

1

型に入れます。

2

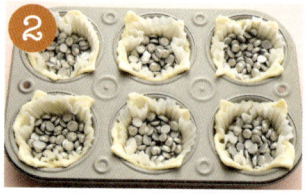

パイシートの上に紙のカップをのせ、その上に重しをのせます。

＊重しはお米、お豆などでOKです。

3

200度のオーブンで約12分焼きます。

3 カスタードクリームを作ります。

4

焼きあがりです。

電子レンジで作るの。

1

耐熱ボウルに卵黄、グラニュー糖、ふるった薄力粉を入れ、泡立て器で混ぜます。

2

牛乳を少しずつ加えて混ぜます。

3

ラップをかけ、電子レンジで約２分半温めます。

4

泡立て器で混ぜます。

4 デコレーションします。

1

キウイ、オレンジは食べやすい大きさに切ります。

2

パイが冷めたら、カスタードクリームを入れます。

3

キウイ、オレンジを入れ、チェリーをのせます。

できあがり!

4

はじめての焼き菓子
Variation
バリエーション
パイ

ハートのスティックパイ

ハートに抜いたパイ２枚を合わせ
中にチョコを入れました。

プレゼントにぴったりなパイです！

材料

約6個分

冷凍パイシート	1と1/2枚
ダースチョコ	3個(半分に切る)
卵黄	少々

用具

P.24 パイケーキにプラス

刷毛

ハートの抜き型

スティック

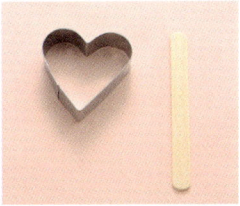

下準備

P.24 パイケーキと同じ

作り方

P.24 パイケーキの1❷までと同じです。

さあ、作りましょう！

1 ハート型で抜き、チョコをはさみます。

ハート型で抜きます。

チョコをのせ、まわりに溶いた卵黄を塗り、もう1枚のパイをのせます。

まわりをフォークで押さえます。

残ったのも焼きましょう！

2 卵黄を塗り、オーブンで焼きます。

卵黄を塗り、200度のオーブンで約10分焼きます。

中のチョコが温かいうちにスティックをさします。

お塩をふりかけたり、チョコをつけたり……

はじめての焼き菓子
Lesson4 レッスン
マドレーヌ

とってもかんたん！混ぜるだけマドレーヌ

1つのボウルに材料を次々入れて
混ぜるだけでできます。

型でかわいい形にできるので
型選びもポイント！
トッピングでも差をつけましょう。

ミニミニマドレーヌ

小さな型で焼いたプレーンマドレーヌ
食べやすい大きさがいいですね。

ミニミニマドレーヌ

材料をそろえましょう！

約40個分

卵	2個
グラニュー糖	80g
無塩バター	80g

[粉類]	
薄力粉	80g
ベーキングパウダー	小さじ1/4
塩	少々

用具をそろえましょう！

ボウル(大)　ふるい
泡立て器　耐熱の器
ラップ　計量カップ
オーブン

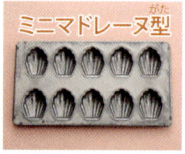

下準備をしましょう！

- 卵は冷蔵庫から出しておきます。
- 粉類は合わせてふるっておきます。
- オーブンは180度に予熱しておきます。

さあ、作りましょう！

1 卵、グラニュー糖、粉類を入れて混ぜます。

ボウルに卵を入れ、泡立て器で混ぜます。

グラニュー糖を加えて混ぜます。

ふるった粉類を加え、なめらかになるまで混ぜます。

2 バターを加えて、混ぜます。

耐熱の器にバターを入れて、ラップをかけ、電子レンジで溶かします。

1❸に2❶を加えて混ぜます。

ラップをかけ、そのまま約1時間休ませます。

3 型に入れ、オーブンで焼きます。

1

型にバター(分量外)を薄く塗ります。

2

2❸を計量カップに入れます。

3

型に流し入れます。

4

180度のオーブンで約10分焼きます。

5

焼きあがりです。

6

できあがり!

型から出して、できあがりです。

形いろいろ

型で雰囲気がぐっと違います。

チョコづけマドレーヌ

はじめての焼き菓子 Variation 1 バリエーション マドレーヌ

マドレーヌの端に
溶かしたチョコをつけて
トッピングシュガーをのせて！

マドレーヌの 材料 下準備

P.30 ミニミニマドレーヌと同じです。

マドレーヌの 作り方

P.30 ミニミニマドレーヌの

3❹ 約10分 → 12〜15分

ミニミニマドレーヌにプラス

材料

約9個分

スイートチョコレート	適量
トッピングシュガー	適量

用具

耐熱ボウル(小・中)
ミニマドレーヌ型→シェル型

作り方

1

お湯を入れたボウル(小)の上にチョコレートのボウル(中)をのせ、溶かします。

2

マドレーヌが冷めたら、チョコレートをつけます。

3

トッピングをのせます。

マドレーヌケーキ

アルミカップに生地を入れて焼いたら
生クリームを絞っていちごをのせて！
ショートケーキのようなマドレーヌです。

マドレーヌの 材料 下準備

P.30 ミニミニマドレーヌと同じです。

マドレーヌの 作り方

P.30 ミニミニマドレーヌの
3❹ 約10分 → 12〜15分

ミニミニマドレーヌにプラス

材料 約3個分

生クリーム	100mℓ
グラニュー糖	大さじ1
いちご	3個
アラザン	少々

用具

ボウル(中)　絞り袋　星口金
ミニマドレーヌ型
→ 丸いマドレーヌ型

作り方

1

ボウルに生クリームを入れ、グラニュー糖を加え、角が立つまで泡立てます。

2

星口金をつけた絞り袋に入れ、マドレーヌが冷めたら、絞り出します。

3

いちごをのせ、アラザンをのせます。

はじめての
焼き菓子
Lesson5
レッスン
シフォンケーキ

ふわっとおいしい シフォンケーキ

難しそうに見えるけど
かんたんでおいしい！ 人気のケーキです。

ポイントは卵の白身を
しっかり泡立てることです。
ハンドミキサーがあればよりかんたんです。

フルーツシフォンケーキ

真ん中にフルーツをたくさん入れて
生クリームをかけたゴージャスなケーキです。

フルーツシフォンケーキ

材料をそろえましょう！

直径17cmの紙のシフォン型１台分

卵	３個
グラニュー糖	80g
サラダ油	60mℓ
水	60mℓ

[粉類]	
薄力粉	80g
ベーキングパウダー	小さじ１
塩	少々

[ホイップクリーム]	
生クリーム	100mℓ
グラニュー糖	大さじ１
いちご	５～６個
キウイ	１個
オレンジ	1/2個
ミント	適量

用具をそろえましょう！

ボウル(中・大)　ふるい
泡立て器　へら
オーブン　包丁
まな板　スプーン

下準備をしましょう！

- 卵は器に割り、手で卵黄をすくい取り、卵黄、卵白に分けます。
- 粉類は合わせてふるっておきます。
- オーブンは180度に予熱しておきます。

さあ、作りましょう！

1 卵黄、グラニュー糖を泡立て、サラダ油、水、粉類を加えて混ぜます。

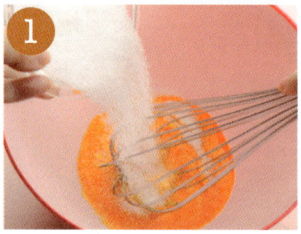

ボウル(大)に卵黄、1/2量のグラニュー糖を入れ、泡立て器で混ぜます。

サラダ油を少しずつ加えて混ぜます。

水を少しずつ加えて混ぜます。

ふるった粉類を加えて混ぜます。

2 卵白、グラニュー糖を泡立てます。

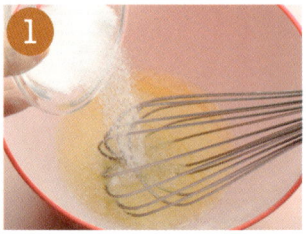

ボウル(中)に卵白を入れ、残りのグラニュー糖の1/3量加え、泡立てます。

残りのグラニュー糖を２回に分けて加え、しっかり角が立つまで泡立てます。

3 生地を合わせて型に入れ、オーブンで焼きます。

1

1❹に加え、泡立て器で泡を消さないように混ぜます。

2

型に流し入れます。

3

180度のオーブンで35～40分焼きます。

4 デコレーションします。

4

ケーキを逆さにし、ビンなどにケーキの穴をさして冷まします。冷めたら、紙をはがします。

1

フルーツは食べやすい大きさに切ります。

2

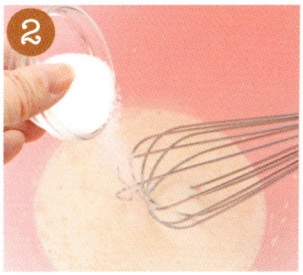

ボウルに(中)生クリームを入れ、グラニュー糖を加えて泡立て器で泡立てます。

3

とろっとしてくるまで泡立てます。

4

シフォンケーキを器にのせ、ホイップクリームをスプーンでかけます。

できあがり!

5

真ん中にフルーツを入れ、ミントをのせて、できあがりです。

紙コップシフォン

紙コップに入れて焼きます。
かわいい紙コップで作りましょう！
仕上げにシールを貼っても。

はじめての焼き菓子
Variation
バリエーション
シフォンケーキ

材料

約3個分

卵	2個	[粉類]	
グラニュー糖	50g	薄力粉	40g
サラダ油	20mℓ	ココア	10g
水	20mℓ	塩	少々
		チョコチップ	大さじ3

用具

P.36 フルーツシフォンケーキの
紙シフォン型 → **紙コップ**

下準備

P.36 フルーツシフォンケーキの
180度に予熱 → **170度に予熱**

作り方

P.36 フルーツシフォンケーキの3❶までと同じです。

さあ、作りましょう！

1 チョコチップを加えます。

1

生地に2/3量のチョコチップを加えて混ぜます。

2

紙コップに流し入れます。

2

洗濯ピンチではさみ、逆さまにして冷まします。

3

紙コップの上の部分を少しはがします。

2 オーブンで焼きます。

1

残りのチョコチップをのせ、170度のオーブンで20～25分焼きます。

4

できあがり！

紙コップにシールを貼って、できあがりです。

はじめての
焼き菓子
Lesson6
レッスン
スプーンケーキ

かんたん！ かわいい スプーンケーキ

スプーンですくって食べる
楽しいケーキです。

ビンに入れてプレゼントしたり
大きな器で作ってみんなで食べたり
中身を替えてオリジナルにしても！

ホットケーキのスプーンケーキ

ホットケーキを焼(や)いて作(つく)ります。

ベリーとクリームを入(い)れて！

ホットケーキのスプーンケーキ

材料をそろえましょう！

2個分

ホットケーキミックス	120g	[ホイップクリーム]		コーンフレーク	適量
卵	1/2個分	生クリーム	100mℓ	いちご、ブルーベリー	各適量
牛乳	100mℓ	グラニュー糖	大さじ1	ミント	少々

用具をそろえましょう！

ボウル(小・中)
泡立て器　フライパン
フライ返し　包丁
まな板　スプーン

ビン

容器選びもポイントです。

さあ、作りましょう！

1 生地を作ります。

ボウル(小)に卵を入れ、泡立て器でほぐし、牛乳を加えて混ぜます。

ボウル(中)にホットケーキミックスを入れ、1❶を少しずつ加えて混ぜます。

2 焼きます。

フライパンにサラダ油(分量外)を熱し、1❷を流し入れます。

表面がふつふつしてくるまで焼きます。

裏返して両面焼きます。

焼きあがりです。

3 ビンにつめます。

1

ホットケーキが冷めたら、食べやすい大きさに切ります。

2

ボウル(中)に生クリーム、グラニュー糖を入れ、泡立て器で泡立てます。

3

角が立つまで泡立てます。

4

いちごは4等分に切ります。

5

ビンにコーンフレークを入れ、ホイップクリームを入れます。

6

食べやすい大きさに切ったホットケーキを入れます。

7

いちご、ブルーベリーをのせます。

8

繰り返して、ミントをのせます。

9

できあがり!

ふたをしめ、スプーンを添えて、できあがりです。

バナナのスプーンケーキ

はじめての焼き菓子
Variation
バリエーション
スプーンケーキ

チーズクリームとバナナがぴったり！
バナナ好きにはたまらないケーキです。
シフォンケーキは、他のケーキでもOKです。

材料

15×15cmの器1台分	
シフォンケーキ（作り方はP.36）	適量
[チーズクリーム]	
クリームチーズ	100g
グラニュー糖	40g
生クリーム	200mℓ
バナナ	2本
レモン汁	少々
ミックスナッツ	適量
ミント	少々

用具

ボウル(中)　泡立て器　包丁
まな板　スプーン

下準備

- クリームチーズは冷蔵庫から出しておきます。
- バナナは斜めに切り、レモン汁をかけ、からめておきます。
- ナッツはあらくきざんでおきます。

さあ、作りましょう！

1 チーズクリームを作ります。

ボウルにクリームチーズを入れ、泡立て器で混ぜます。

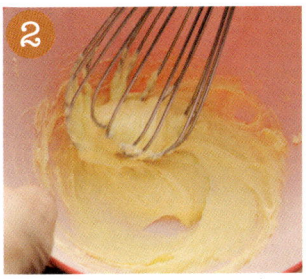

グラニュー糖を加えて混ぜます。

生クリームを少しずつ加えて混ぜます。

2 シフォンケーキを並べ、デコレーションします。

器に食べやすい大きさに切ったシフォンケーキを並べ、クリームをかけます。

きざんだナッツをのせ、バナナをのせます。

できあがり！

ミントをのせて、できあがりです。

はじめての
焼き菓子
Lesson 7
レッスン
チャレンジ

焼き菓子いろいろチャレンジ

焼き菓子には他にもいろいろあります。
人気のお菓子を集めました。

チーズケーキから焼きプリン！
かんたんにできるドロップクッキー
好きな ものから作ってみましょう。

焼(や)きチーズケーキ

しっとりおいしいチーズケーキです。

プレゼントにもいいですね！

焼きチーズケーキ

材料をそろえましょう！

20cm角型1台分	
[台]	
全粒粉クッキー	100g
無塩バター	40g
クリームチーズ	250g
無塩バター	25g
グラニュー糖	70g
生クリーム	80mℓ
卵	1個
薄力粉	10g

用具をそろえましょう！

ボウル(大)　ふるい
綿棒　泡立て器
へら　スプーン
耐熱の器　オーブン
包丁　まな板

下準備をしましょう！

- バターは電子レンジで溶かしておきます。
- クリームチーズ、バター、卵は冷蔵庫から出しておきます。
- 薄力粉はふるっておきます。
- 型にクッキングシートを敷いておきます。
- オーブンは160度に予熱しておきます。

さあ、作りましょう！

1 台を作ります。

クッキーはビニール袋に入れ、麺棒などでたたいて細かくします。

溶かしたバターを加えて混ぜます。

クッキングシートを敷いた天板に敷き込みます。

2 生地を作ります。

ボウルにクリームチーズ、バターを入れ、泡立て器で混ぜます。

グラニュー糖を加えて混ぜます。

生クリームを加えて混ぜます。

3 型に入れ、オーブンで焼きます。

1 型に流し入れます。

5 ふるった粉を加えて混ぜます。

4 卵を加えて混ぜます。

2 160度のオーブンで約1時間焼きます。

3 そのまま冷まします。

4 ワックスペーパーで包みます。

1 チーズケーキが冷めたら、スティック状に切ります。

できあがり!

2 ワックスペーパーで包みます。

クランベリースコーン

はじめての焼き菓子
Variation 1
バリエーション
チャレンジ

サクッとおいしいスコーン
クランベリーがたくさん入っているので
味も見た目もおいしくなります！

材料

約6個分

[粉類]

薄力粉	200g
ベーキングパウダー	小さじ2
塩	少々
グラニュー糖	30g
無塩バター	50g
牛乳	100mℓ
クランベリー	40g

用具

ボウル(大)　ふるい
ナイフ　へら　ラップ
麺棒　オーブン

下準備

- 粉類は合わせてふるっておきます。
- ボウルに粉類、グラニュー糖を入れて混ぜておきます。
- バターは角切りにし、冷蔵庫で冷やしておきます。
- 天板にクッキングシートを敷いておきます。
- オーブンは190度に予熱しておきます。

さあ、作りましょう！

1 生地を作ります。

粉類の入ったボウルに、バターを加え、ナイフでバターを切り、合わせます。

牛乳を加え、へらでさっくりと切るように混ぜます。

クランベリーを加えて混ぜ、ラップで包み、冷蔵庫で約1時間休ませます。

2 型で抜いて、オーブンで焼きます。

台に薄力粉(分量外)をふり、2㎝厚さにのばします。

直径6㎝の丸型で抜き、天板にのせ、190度のオーブンで約15分焼きます。

焼きあがりです。

はじめての焼き菓子
Variation2
バリエーション
チャレンジ

野菜プリッツ

にんじんとじゃがいもをすりおろし
粉チーズと粉を加えて、
細く切って焼きます。

パリッとおいしいプリッツです！

材料

約25本分

[じゃがいもプリッツ]

じゃがいも	100g
薄力粉	約120g
粉チーズ	大さじ3

[にんじんプリッツ]

同じように、にんじん100gで作ります。

用具

ボウル(大)　すりおろし器　へら　ラップ
麺棒　包丁　まな板　オーブン

下準備

- 薄力粉はふるっておきます。
- 天板にクッキングシートを敷いておきます。
- オーブンは170度に予熱しておきます。

さあ、作りましょう！

1 生地を作ります。

じゃがいもはボウルにすりおろします。

ふるった薄力粉、粉チーズを加えてへらで混ぜます。

ひとまとめにし、ラップで包み、冷蔵庫で約1時間休ませます。

2 細く切って、オーブンで焼きます。

台に薄力粉(分量外)をふり、麺棒で5㎜厚さにのばします。

細く切り、天板にのせ、170度のオーブンで25〜30分焼きます。

焼きあがりです。

バナナパウンドケーキ

はじめての焼き菓子
Variation3
バリエーション
チャレンジ

バナナが2本も入っています！

ふんわりおいしいケーキです。

生クリームを添えても。

材料

型1台分

無塩バター	100g
グラニュー糖	90g
卵	2個
[粉類]	
薄力粉	100g
ベーキングパウダー	小さじ1
塩	少々
バナナ	2本

用具

ボウル(大)　ふるい　泡立て器
へら　オーブン

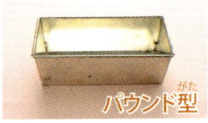

下準備

- バター、卵は冷蔵庫から出しておきます。
- 粉類は合わせてふるっておきます。
- 卵は溶いておきます。
- バナナはビニール袋に入れ、手でつぶしておきます。

- 型にクッキングシートを敷いておきます。
- オーブンは180度に予熱しておきます。

さあ、作りましょう！

1 生地を作ります。

ボウルにバターを入れ、グラニュー糖を加え、泡立て器で混ぜます。

白っぽくなるまで混ぜたら、溶いた卵を少しずつ加えて混ぜます。

ふるった粉類を加え、へらでさっくりと切るように混ぜます。

バナナを加えて混ぜます。

2 型に入れ、オーブンで焼きます。

型に流し入れ、180度のオーブンで40～45分焼きます。

できあがり！

焼きあがりです。

かんたん焼きプリン

はじめての焼き菓子
Variation 4
バリエーション
チャレンジ

卵と牛乳を混ぜるだけ！

ざるでこすのがポイントです。

冷やして食べましょう。

材料

ココット皿3個分	
卵黄	3個分
グラニュー糖	40g
生クリーム	150mℓ
牛乳	150mℓ

用具

ボウル(中)
泡立て器　鍋
ざる
計量カップ
オーブン

下準備

- 卵は冷蔵庫から出しておきます。
- オーブンは160度に予熱しておきます。

さあ、作りましょう！

1 生地を作ります。

ボウルに卵黄、グラニュー糖を入れ、泡立て器で少し白っぽくなるまで混ぜます。

鍋に生クリーム、牛乳を入れ、温めます。

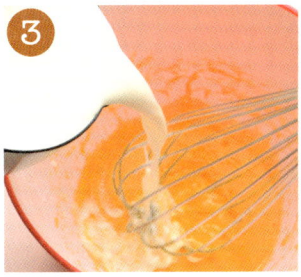

1❶に少しずつ加えて混ぜます。

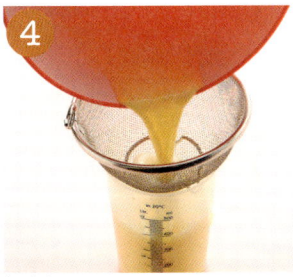

計量カップにざるをのせ、こします。

2 ココット皿に入れ、オーブンで焼きます。

ココット皿に流し入れ、150度のオーブンで35～40分焼きます。

焼きあがりです。

ドロップクッキー

はじめての焼き菓子
Variation5
バリエーション
チャレンジ

きざんだピーナツをたくさん入れて
スプーンですくって天板に並べて焼くだけの
ドロップ形のクッキーです。

材料

約18枚分

[クッキー生地]

ホットケーキミックス	150g
グラニュー糖	30g
卵	1個
無塩バター	40g
ピーナツ	50g

用具

ボウル(大)　へら　包丁

まな板　オーブン

下準備

- 卵は冷蔵庫から出しておきます。
- バターは電子レンジで溶かしておきます。
- 卵は溶いておきます。
- 天板にクッキングシートを敷いておきます。
- オーブンは180度に予熱しておきます。

さあ、作りましょう！

1 ピーナツをきざみます。

ピーナツはあらくきざみます。

2 生地を作ります。

ボウルにホットケーキミックス、グラニュー糖を入れて混ぜます。

溶いた卵、溶かしたバターを加えて混ぜます。

ピーナツを加えて混ぜます。

3 オーブンで焼きます。

天板にスプーンですくってのせ、180度のオーブンで約12分焼きます

焼きあがりです。

材料いろいろ

この本で使われた主な材料です。1つの材料でいろいろ作れます。

小麦粉

お菓子は薄力粉を使います。

バター

無塩バターです。

卵

Mサイズを使います。

グラニュー糖

お菓子のお砂糖はグラニュー糖です。

粉糖

クッキーに使います。

ここを読んでから
材料をそろえましょう。

牛乳

新鮮なものを使います。

生クリーム

この本では動物性を使います。

ベーキングパウダー

生地をふくらますときに使います。

ホットケーキミックス

ホットケーキが作れる粉です。

冷凍パイシート

伸ばして使います。

ココア

甘くないものを使います。

用具いろいろ

この本で使われた主な用具です。
代用できるものがあればそれでもかまいません。

量る

お菓子作りにとって計量は大事。しっかり量りましょう。

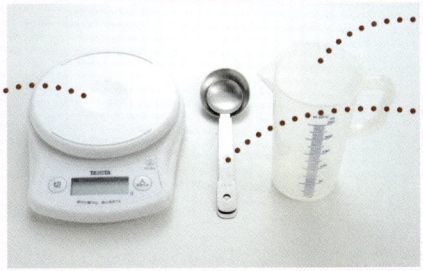

混ぜる

混ぜ方はいろいろです。混ぜ方に合わせて使いましょう。

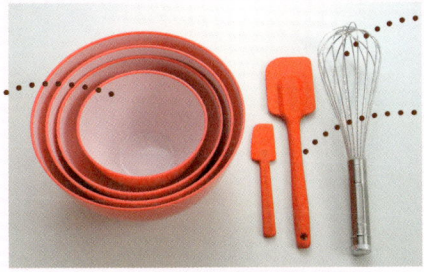

あると便利

麺棒

ラップの芯でも代用できます。

粉ふるい

ざるでも代用できます。

刷毛

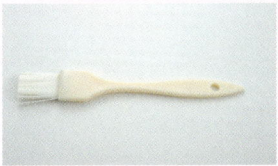

卵黄を塗るのに使います。

ざる

こすのに使います。

プレゼントに

焼き菓子は、

プレゼントにぴったり！

いろいろな包み方があるので

ラッピングも楽しんで！

おわりに

焼き菓子、楽しんで作れましたか？

一工程ごとにていねいに作っていくと
ほんとにおいしくできますね。
ぜひ、いろいろなお菓子にチャレンジしてください。

そして、できたら
みんなで楽しく食べてくださいね。
食べてもらうことで、
作るのがより楽しくなるので！

作ることの楽しさ伝えられたなら‥‥
小さなお菓子に大きな願いを込めて。

著者プロフィール

寺西恵里子 てらにし えりこ

(株)サンリオに勤務し、子ども向けの商品の企画デザインを担当。退社後も"HAPPINESS FOR KIDS"をテーマに手芸、料理、工作を中心に手作りのある生活を幅広くプロデュース。その創作活動の場は、実用書、女性誌、子ども雑誌、テレビと多方面に広がり、手作りを提案する著作物は550冊を超え、ギネスに申請中。

http://www.teranishi-eriko.co.jp

寺西恵里子の本

『フェルトで作るお菓子』『かんたん！かわいい！ひとりでできる！ゆびあみ』(小社刊)
『かわいいフェルトのマスコット』(PHP研究所)『チラシで作るバスケット』(NHK出版)『3歳からのお手伝い』(河出書房新社)
『ほっこりおいしい。おうちdeひとりごはん』(主婦の友社)『広告ちらしでつくるインテリア小物』(主婦と生活社)
『フェルトで作るお店屋さんごっこ』(ブティック社)『365日子どもが夢中になるあそび』(祥伝社)
『0・1・2歳のあそびと環境』(フレーベル館)『ねんどでつくるスイーツ&サンリオキャラクター』(サンリオ)
『エコ手芸でお店屋さんフェルトのお花屋さん』(汐文社)かんたん手芸『フェルトでつくろう』(小峰書店)

撮影	奥谷仁
デザイン	ネクサスデザイン
カバーデザイン	サイクルデザイン
作品制作	並木明子　関亜紀子　海野稚奈美
イラスト	高木敦子
校閲	校正舎楷の木
企画・進行	鏑木香緒里

ひとりでできる! For Kids!!
はじめての焼き菓子

平成28年6月5日 初版第1刷発行

著者●寺西恵里子
発行者●穂谷竹俊
発行所●株式会社 日東書院本社
〒160-0022　東京都新宿区新宿2丁目15番14号　辰巳ビル
TEL●03-5360-7522(代表)　FAX●03-5360-8951(販売部)
振替●00180-0-705733　URL●http://www.TG-NET.co.jp

印刷●大日本印刷株式会社　　製本●株式会社セイコーバインダリー

本書の無断複写複製(コピー)は、著作権上での例外を除き、
著作者、出版社の権利侵害となります。
乱丁・落丁はお取り替えいたします。小社販売部までご連絡ください。
©Eriko Teranishi2016,Printed in Japan

ISBN 978-4-528-02086-3　C2077